Christine Stahr

Hanna und der Flug des Adlers

Christine Stahr, geboren 1978, studierte Geschichtswissenschaft und Germanistik an der Universität Hamburg. Danach arbeitete sie als Lektorin in einem Verlag. Inzwischen hat sie schon viele Bücher für Kinder geschrieben und engagiert sich beim Hamburger Verein „Mentor – Die Leselernhelfer Hamburg e. V." als Lesementorin.

Christine Stahr

Hanna und der Flug des Adlers

Mit Illustrationen
von Laura Rosendorfer

GULLIVER
von BELTZ & Gelberg

Inhalt

Kapitel 1

Meerschwein und Oma

Hanna tänzelt vor dem Sandsack. Sie stellt sich vor, sie ist bei einem Karate-Wettkampf bei der Karate-Weltmeisterschaft. Um sie herum jubeln Zuschauer. Vor ihr steht Tarek, der einen Kopf größer ist als Hanna.

Hanna und Tarek sind die Einzigen in Hannas Karate-Gruppe, die einen braunen Gürtel haben. An den ersten Kampf gegen Tarek erinnert sich Hanna noch gut. Wie sicher er sich war, gegen Hanna zu gewinnen. Wie spöttisch er zu ihr heruntergegrinst hat. Sie hat ihn böse angefunkelt und ihr Herz hat schneller geschlagen.

Diesem eingebildeten Jungen wird sie es jetzt zeigen, stellt sich Hanna vor. Sie verbeugt sich zur Begrüßung, so wie es üblich ist im Karate vor Beginn eines Kampfes. Jeder Muskel ihres Körpers ist angespannt. Genau wie damals. Sie ballt die Hände zu Fäusten, atmet ein und aus.

Dann schlägt sie zu. Hannas linke Faust donnert gegen den Sandsack, dann die rechte. Hanna denkt an Tareks Gesicht nach ihren ersten Angriffen. Wie ungläubig er sie angesehen hat. Tja. Hanna grinst. Sie holt wieder aus. Jetzt hageln Schläge auf den Sandsack ein. Links, rechts, links, rechts. Sie keucht, ihr Herz rast. Sie tänzelt vor dem Sandsack auf der Stelle.

Gerade will sie mit den Fuß-Kicks loslegen, da meldet sich ihr Laptop auf dem Bett. Jemand ruft an. Bestimmt Charly, denkt Hanna. Endlich! Hanna hatte schon zweimal versucht, ihre beste Freundin zu erreichen, doch sie war nie online. Hanna streift die roten Faust-Schützer von den Händen und lässt sich aufs Bett fallen.

„Charly ruft an“, steht auf dem Bildschirm. Darüber ist das Foto von Charlys Meerschweinchen Edgar-Wilma zu sehen (niemand weiß, ob Edgar-Wilma ein Junge ist oder ein Mädchen. Deshalb haben Charly und Hanna sich für einen Jungen- und einen Mädchennamen entschieden). Hanna klickt auf den grünen Hörer unter dem Foto. Jetzt erscheint Charly auf dem Bildschirm. Ihre Wangen sind feuerrot. „Hanna“, brüllt sie, „rate, was passiert ist!“

Hanna hält sich die Ohren zu.
„Keine Ahnung. Kannst du mal leiser reden? Ich bin ja nicht an den Nordpol gezogen, sondern zu Oma."

„Schon gut", brummt Charly.

„Und ich bin ja auch nicht richtig umgezogen. Nur für sechs Monate, bis Papa aus Hongkong zurück ist", stellt Hanna noch schnell klar.

„Ja, ja, weiß ich doch. Also, pass auf: Heute im Karate habe ich Tarek besiegt!"

Hanna setzt sich auf. „Oh, wow!"

Charly strahlt über das ganze Gesicht. „Du hättest ihn sehen sollen!", ruft sie. „Vor lauter Wut hätte er fast geweint. So wie bei eurem Kampf." Charly kichert.
„Jetzt hat er schon gegen das zweite Mädchen verloren."

Hanna grinst und streckt den Daumen nach oben. Dann holt sie tief Luft für die große Neuigkeit, die sie Charly schon die ganze Zeit erzählen will: „Stell dir vor, ich trainiere ab morgen im besten Karate-Studio überhaupt!"

„Wo denn?", fragt Charly und sieht Hanna neugierig an.

„Bei Amar Saadi!"

Charly reißt die Augen auf.

„Echt?", flüstert sie, „bei Amar Saadi? Bei DEM Amar Saadi?"

Hanna nickt. „Genau. Bei DEM Amar Saadi – dem Trainer der besten Karate-Kämpfer. In seinem Studio gibt es ein Kinder-Training, und das Studio ist bei Oma fast um die Ecke."

In Hannas Bauch kribbelt es wieder. Morgen ist

es endlich so weit. Sie ist jetzt schon so aufgeregt wie noch nie.

„Du hast so ein Glück!“, haucht Charly.

Hanna sieht ihre Freundin an. „Ich wünschte, wir könnten zusammen dahingehen.“

„O ja“, seufzt Charly, „das wäre vielleicht toll!“ Plötzlich sieht sie traurig aus. „Hier ist es echt langweilig ohne dich, weißt du, Hanna.“

Hanna nickt. Sie findet es auch langweilig ohne Charly. Vielleicht wird sie ihre beste Freundin sechs Monate lang nicht sehen. Ein ganzes halbes Jahr. Hannas Hals fühlt sich auf einmal eng an und ihre Nase kribbelt. Tränen steigen in ihre Augen. Zum Glück hebt Charly da Edgar-Wilma hoch.

„Edgar-Wilma vermisst dich auch.“

„Hallo, Edgar-Wilma“, krächzt Hanna.

In dem Moment wird die Tür aufgerissen. Oma stürmt rein. „Hanna! Essen ist fertig!“, ruft sie.

Dann entdeckt Oma Charly auf dem Bildschirm. Und Edgar-Wilma. Das Meerschweinchen fängt bei Omas Anblick sofort an zu zappeln und saust davon.

„Hallo“, sagt Oma zu Charly, „ich bin India.“

Charly kichert. „India? Was ist das denn für ein komischer Name?“

Oma verschränkt die Arme, wirft ihre grauen Locken zurück und reckt das Kinn nach oben. „Das, mein liebes Kind, ist mein Künstler-Name“, erklärt sie dann.

„Hä?“, sagt Charly.

Oma seufzt. „Das hat mit besonderen Kräften zu tun. Ich erkläre es dir ein andermal. Du kannst uns ja bald mal besuchen. So, und jetzt komm bitte, Hanna."

Kapitel 2
Das Hexen-Treffen

Hanna zieht die Bettdecke hoch. Die Decke raschelt. Sonst ist es still. Kein Autolärm ist zu hören, niemand unterhält sich vor dem Fenster. Keine Musik von den Nachbarn oder Geräusche vom Fernseher wie zu Hause bei Papa. Bei Oma India ist es einfach nur still.

Hanna schielt nach oben. Da baumelt Omas Traum-Fänger.
Ein Traum-Fänger ist ein Ring mit einer Art Spinnennetz drin. In dem Netz sollen ihre Albträume hängen bleiben, hat Oma erklärt. Aber der Traum-Fänger konnte noch keinen einzigen Albtraum einfangen, denn mit ihm über dem Bett kann Hanna nicht mal einschlafen. Er wirft einen großen schwarzen Schatten auf ihre Decke, der aussieht wie ein Spinnennetz. Und wer kann schon

einschlafen mit einem Spinnennetz-Schatten auf der Decke?

Hanna schluckt und guckt zur Tür. Vielleicht ist Oma ja noch wach, überlegt sie. Und vielleicht würde Oma ihr einen Kakao kochen. Mit einem Kakao könnte sie vielleicht schon einschlafen.

Hanna steigt aus dem Bett. Sie tastet sich durch das Zimmer und stolpert über ihre Faust-Schützer. Hanna öffnet die Tür und bleibt mit einem Ruck stehen. Wie riecht es denn hier? Sie zieht Luft durch die Nase. Verbrennt Oma irgendwas? Hanna geht die Treppe runter. Der Geruch wird stärker. Unten im Flur hängt sogar Rauch in der Luft.

„Oma?“, ruft Hanna.

Niemand antwortet. Die kleinen Haare auf Hannas Armen stellen sich auf. Sie fröstelt.

„Oma!“, ruft sie noch einmal lauter. „Wo bist du?“

Jetzt stößt Oma die Küchentür auf. Noch mehr Rauch wabert in den Flur und Hanna reißt die Augen auf. Wie Oma aussieht! Hanna zwickt sich in den Arm. Wenn sie träumen würde, müsste sie jetzt aufwachen. Aber sie träumt nicht, Oma sieht nämlich immer noch genauso aus. Sie trägt ein Stirnband, von dem riesige blaue Federn abstehen. Auch an Omas Ohren baumeln Federn. Und um ihren Hals hängen Ketten mit Steinen dran. Die längste Kette reicht fast bis zu ihrem Bauch. Statt Rock und Bluse trägt Oma ein langes Hemd und darunter eine enge schwarze Hose.

„Hanna! Was zum Teufel machst du hier?“, ruft Oma von der Küchentür aus.

„Ich ... ich ... ähh...“, stammelt Hanna, „ich kann nicht schlafen.“

„Hör zu, ich habe keine Zeit, Schätzchen, ich bekomme Besuch. Du kannst bestimmt bald schlafen! Leg dich einfach ins Bett und mach die Augen zu!“

„Aber ... aber ...“, stottert Hanna. Sie will gerade fragen, ob Oma ihr einen Kakao kocht, da klingelt es an der Haustür.

„Ach herrjemine“, stöhnt Oma, „auch noch zu früh!“

Sie schüttelt den Kopf. Dann wendet sie sich wieder Hanna zu.

„Geh jetzt wieder in dein Bett, Hanna, ich habe zu tun. Und komm nicht noch mal runter, verstanden?“ Oma sieht Hanna scharf an.

„Mmmh. Ja, okay“, murmelt Hanna.

„Irgendwann klappt das schon. Zähle Elefanten oder so“, schlägt Oma vor.

Hanna stutzt.
„Elefanten?“

Bevor Oma antworten kann, klingelt es wieder. Oma fuchtelt mit einer großen Feder in Hannas Richtung. „Husch, husch!“

Hanna läuft zurück in ihr Zimmer. Schlafen kann sie aber natürlich nicht. Erst recht nicht, als sie nach einer Weile von unten dumpfe

Trommelschläge hört. Schneller und schneller. Jetzt reicht es, beschließt Hanna. Keine Sekunde länger hält sie es im Bett aus. Sie muss wissen, was da unten passiert!

Auf Zehenspitzen schleicht sie die Treppe runter. Das Trommeln wird langsamer. Und genau in einer der langen Pausen zwischen den Schlägen knarrt die Treppe unter Hannas Füßen. Mist! Hanna hält die Luft an, ihr Herz klopft schneller. Hoffentlich hat Oma das nicht gehört. Aber das Trommeln geht weiter. Puh!

Die Trommelschläge kommen aus dem Wohnzimmer. Ein kurzer Blick durchs Schlüsselloch und dann sofort wieder zurück, beschließt Hanna. Vor der Tür beugt sie sich hinunter. Ganz langsam und mit angehaltenem Atem. Da plötzlich verstummt die Trommel ganz. Und dann hört sie Schritte im Zimmer. Sie kommen auf die Tür zu! Nichts wie weg! Hanna rennt los. So leise und so schnell wie möglich saust sie über den Flur und die Treppe hoch. Unten hört sie die Tür aufgehen.

„Das hat wieder so gutgetan, meine liebe India. Danke dir“, säuselt eine Frau und seufzt tief. „Deine Kräfte sind wirklich ein Geschenk.“

„Ach, meine Liebe“, sagt Oma, und es klingt, als würde sie sich freuen.

Danach hört Hanna ein paar Frauenstimmen aufgeregt durcheinanderreden.

„Bis zum nächsten Mal!“, sagt Oma schließlich.

Dann fällt die Haustür zu.

Hanna rennt auf Zehenspitzen in ihr Zimmer und zieht die Decke bis zur Nase hoch. Und das keinen Moment zu früh. Schon hört sie Oma auf der Treppe. Hanna kneift die Augen zusammen und tut so, als würde sie schlafen. Oma kommt rein,

setzt sich auf die Bettkante und streicht Hanna über die Stirn.
„Gute Nacht, Hanna“, sagt sie.

Hanna tut weiter so, als würde sie schlafen. Oma bleibt noch einen Moment sitzen, dann geht sie raus.

Hanna seufzt auf. Das ist ja gerade noch mal gut gegangen! Schlafen kann sie aber noch lange nicht. Tausend Gedanken wirbeln ihr durch den Kopf. Von welchen Kräften hat die Frau gesprochen? Hat Oma vielleicht Zauberkräfte? Oder ist sie wirklich ein bisschen verrückt, wie Papa sagt? Eins ist jedenfalls klar: Oma ist ganz anders als jeder normale Erwachsene, den Hanna kennt!

Kapitel 3

Der beste Trainer und die böse Überraschung

„Hier muss es doch irgendwo sein“, murmelt Oma, stiert aus dem Fenster und rast um die nächste Kurve. „Erkennst du die Hausnummern?“

„Gerade sind wir an der 10 vorbeigefahren“, sagt Hanna.

„Dann ist es da vorn“, meint Oma. In einem Affenzahn überholt sie ein schwarzes Auto. Hanna hält sich an dem schwankenden Sitz fest. Das schwarze Auto hinter ihr hupt. Oma hätte Rennfahrerin werden können, findet Hanna.

„Ah, guck, da ist es!“ Oma tritt auf die Bremse. Mit quietschenden Reifen fährt sie auf einen freien Parkplatz. Direkt vor dem Karate-Studio.

Das schwarze Auto hinter ihnen hört jetzt gar nicht mehr auf mit Hupen. Aber Oma kümmert sich nicht darum. „Perfekter Parkplatz, oder, Hanna?“

Oma strahlt sie an. Wenn Oma lächelt, bilden sich lauter winzige Falten um ihre Augen. Dann sieht Oma total nett aus und kein bisschen verrückt. Hanna zuckt mit den Schultern und guckt wieder zu dem schwarzen Auto. Eine blonde Frau steigt aus. Sie dreht sich zu ihnen um und tippt sich an die Stirn. Ihre große Sonnenbrille verdeckt fast ihr ganzes Gesicht. Trotzdem kann Hanna sehen, wie wütend sie ist. Aber das bemerkt Oma nicht, denn sie reißt gerade die Tür des alten Bullis auf.

„Kommst du?“, ruft Oma von draußen. „Wir sind spät dran.“

Hanna nimmt ihre Sport-Tasche, guckt aber weiter zu dem anderen Auto. Jetzt steigt noch

ein blondes Mädchen aus. Das Mädchen ist etwa so alt wie Hanna und hat auch eine Sport-Tasche dabei. Hoffentlich will sie nicht zum Karate, denkt Hanna. Schnell knallt sie die Tür von Omas Bulli zu (die muss man zuknallen, sonst schließt sie nicht mehr, hat Oma gesagt). Der Bulli wackelt.
„Also los!“, sagt Hanna und stürmt voran, weg von dem Mädchen und der Frau.

Im Studio sitzen ein paar Eltern im Vorraum und warten. Und beim Warten starren sie alle Oma an. Heimlich natürlich. Wenn Oma in ihre Richtung schaut, gucken sie schnell wieder auf ihre Handys.

Mit ihren Feder-Ohrringen und den langen Ketten bis zum Bauch sieht Oma aber auch wirklich ganz anders aus als die anderen Erwachsenen. Wenigstens heute hätte sie sich doch mal normal anziehen können, denkt Hanna! Sie tritt einen Schritt zur Seite und tut ein bisschen so, als würde sie nicht zu Oma gehören.

Aus der Umkleide kommen Stimmen. Bestimmt die Kinder, die gleich mit ihr trainieren werden. Hannas Herz klopft schneller. Sie streicht sich eine kurze Locke aus dem Gesicht und vergräbt die Hände in den Hosentaschen. Hinter ihnen geht die Tür auf. Oh nein, denkt Hanna. Die Frau und das Mädchen aus dem schwarzen Auto!

Die Frau mit der Sonnenbrille holt Luft, stemmt die roten Fingernägel in die Hüften und funkelt Oma wütend an. Oma funkelt zurück und das sieht super gefährlich aus. Als wäre Oma Karate-Weltmeisterin und würde die Frau gleich mit einem Super-Kick quer durch den Vorraum schleudern. Oder als hätte Oma magische Kräfte, schießt es Hanna durch den Kopf. Die Haare auf ihren Armen stellen sich wieder auf, so wie gestern Nacht.

Oma will gerade noch was sagen, aber da kommt zum Glück ein Mann im Karate-Anzug auf sie zu. „Du bist bestimmt Hanna, richtig?“

Hanna nickt. Vor lauter Aufregung kriegt sie kein Wort raus. Amar Saadi, der beste Trainer Deutschlands, steht vor ihr!

„Willkommen, Hanna!“, sagt Herr Saadi. „Am besten ziehst du dich direkt mit den anderen um. Wir fangen gleich an.“ Dann wendet er sich zu dem blonden Mädchen aus dem Auto. „Sofia, zeig Hanna bitte die Umkleide und stell ihr die anderen Mädchen vor.“

„Natürlich, Herr Saadi“, sagt Sofia und lächelt. Bei ihr sieht das Lächeln aber nicht nett aus, findet Hanna. Sofia lächelt nämlich nur mit dem Mund und nicht mit den Augen so wie Oma.

Sofia winkt Hanna hinter sich her. Als die anderen sie nicht mehr sehen können, rümpft Sofia die Nase. „Das ist ja eklig! Riechst du immer so?“, meint sie und fächert sich mit der Hand Luft zu.

Hanna weiß zuerst gar nicht, wovon Sofia redet, aber dann wird ihr klar: die Räucherstäbchen! Oma zündet sie ja überall an und wahrscheinlich riecht sie inzwischen selbst wie ein Räucherstäbchen.

„Alle mal herhören!“, ruft Sofia in die Umkleide. „Das ist Hanna. Sie trainiert ab heute mit uns. Ich hoffe, sie kann besser Karate, als sie riecht.“ Sofia wedelt wieder mit der Hand vor ihrer Nase. Dann lässt sie sich auf eine Bank fallen und verdreht die Augen. So als hätte der Räucherstäbchen-Geruch sie umgehauen. Die anderen Mädchen kichern. Hanna würde am liebsten im Boden versinken.

Kapitel 4

Schlangen-Kampf

Hanna und Sofia stehen sich gegenüber. Sofia tänzelt. Ihr Pferdeschwanz wippt, ihre Augen sind halb geschlossen. Dann, ganz plötzlich, schießt sie auf Hanna zu wie ein Pfeil. Gerade noch rechtzeitig weicht Hanna aus. Puh, das war knapp. Hanna beobachtet Sofias Bewegungen. Sie versucht, ein Muster zu erkennen.

„Jeder hat eine bestimmte Art, sich zu bewegen“, hat ihr alter Trainer gesagt. „Wenn ihr das Muster der Bewegungen rausfindet, könnt ihr eure Gegner besiegen.“

Aber so ein Muster rauszukriegen, ist gar nicht so einfach.

Sofia scheint mit ihren Füßen kaum den Boden

zu berühren, so schnell ist sie. Sie tänzelt, duckt sich, greift an, aber nie in derselben Reihenfolge.

Wie eine Schlange, denkt Hanna. Blitzschnell und hinterhältig. Kaum ist Hanna das klar geworden, schießt Sofia wieder nach vorn und kickt gegen Hannas Ellbogen. Mist, den Angriff hat sie zu spät bemerkt.

„Super, Sofia!“, lobt Herr Saadi. „Sehr gut erkannt und den Moment genutzt, in dem die Gegnerin nicht aufmerksam war.“
Dann dreht er sich zu Hanna. „Kon-zen-tra-tion!“, ermahnt er sie.

Sofia grinst.

Hannas Herz pocht schneller. Na warte, denkt sie und greift an, aber Sofia weicht den Faustschlägen aus, tänzelt vor und zurück, duckt sich genau im richtigen Moment. Hanna versucht einen Kick, aber das geht völlig schief. Sofia schlägt Hannas Bein weg und landet selbst einen Treffer. Mist!

„So, genug für heute!“, ruft Herr Saadi und klatscht in die Hände. „Alle mal herkommen.“

Sie bilden einen Kreis um den Trainer. Hanna keucht. So hart trainiert wie heute hat sie noch nie.
In ihrem alten Karate-Studio war sie klar die Beste. Außer ihr hatten nur Charly und Tarek einen braunen Gürtel. Hier ist das ganz anders. Die meisten sind richtig gut, es gibt viele Braun-Gurte. Einer von ihnen ist bestimmt schon 13. Er heißt Paulo. Paulo nimmt sich Zeit beim Kämpfen, er zielt genau, bei ihm sitzt jeder Kick und jeder Schlag.

Dann ist da noch Finn. Finn ist ein bisschen kleiner als Hanna. Er hat grüne blitzende Augen und seine blonden Haare reichen ihm bis zum Kinn. Finn hüpft im Kampf herum wie ein Flummi und startet einen Angriff nach dem anderen, sodass einem ganz schwindelig wird.

Aischa, Letizia und Elena sind neben Hanna und Sofia die Mädchen in der Gruppe. Elena hat einen braunen Gürtel, Sofia natürlich auch. Elena ist groß und schmal, hat lange braune Haare und wirkt sanft und schläfrig. Aber das ist nur ein Trick, um ihre Gegner in Sicherheit zu wiegen, das hat Hanna gleich bemerkt. Wenn es drauf ankommt, ist Elena plötzlich hellwach und kein bisschen träge.

Keiner von den Braun-Gurten hier ist ein leichter Gegner. Hanna seufzt.

„Macht dem Gegner keine Geschenke!“, sagt Herr Saadi streng, „und wartet nicht ab, was der andere macht, sondern geht nach vorne. Entscheidet und greift an. Verstanden?“

Alle nicken.

„Ihr müsst härter trainieren, zumindest diejenigen von euch, die bei der Landesmeisterschaft mitmachen wollen. Die besten nehme ich mit."
Herr Saadis Blick wandert über die Gruppe.
„Wer mitkommt, entscheide ich in den nächsten Trainings."

Hanna rutscht auf dem Hallenboden herum, so aufgeregt ist sie plötzlich. In ihrem alten Studio sind sie nie zu Wettkämpfen gefahren. Und jetzt kann sie gleich bei den Landesmeisterschaften mitmachen! Vielleicht gewinnt sie sogar und wird Landesmeisterin. Das wär's! Ein echter Kracher! Immerhin will sie mal Karate-Weltmeisterin werden. Hanna lächelt von einem Ohr zum anderen bei dem Gedanken.

„Natürlich muss niemand mit", sagt Herr Saadi jetzt. „Wer von euch hat Interesse?"

Sofort hüpft Finns Arm nach oben. Kurz darauf

der von Sofia. Dann folgen die Hände von Elena und Paulo. Hanna holt tief Luft, dann streckt auch sie ihre Hand hoch. Sofia zieht eine Augenbraue nach oben.

„Okay.“ Herr Saadi nickt und macht sich Notizen. „Und du möchtest auch schon dabei sein, Hanna?“, fragt er.

„Ja!“, krächzt Hanna und nickt wie wild.

„Mmmh“, meint Herr Saadi, runzelt die Stirn und wiegt den Kopf, „nun ja, mal sehen.“

Hanna schluckt. Herr Saadi ist sich nicht sicher, ob sie gut genug ist! Sofia grinst zu ihr rüber. Ihre Augen sind voller Triumph. Hanna starrt zurück und versucht, genauso super gefährlich zu gucken wie Oma. Ich werde es euch zeigen, nimmt sie sich vor. Ich werde hart trainieren. Ich werde es schaffen!

Kapitel 5

Karate und Tiergeister

Oma brettert auf den Parkplatz vor dem Karate-Studio.
„Da sind wir wieder", sagt sie, schaltet den Motor aus, kramt einen Lippenstift aus ihrer riesigen Tasche und malt sich die Lippen feuerrot an.

„Du brauchst gar nicht mit reinzukommen", sagt Hanna unschuldig.

„Oh doch", meint Oma, „ich habe eine Mission."

„Eine was?" Hanna runzelt die Stirn.

„Eine Mis-si-on", wiederholt Oma. „Eine sehr wichtige Aufgabe."

Oje, das klingt nicht gut, findet Hanna.

„Ich werde das hier verteilen“, sagt Oma stolz, holt einen Stapel Zettel aus der Tasche und drückt ihn Hanna in die Hand.

„Finde dein magisches Glückstier!“, steht da in großen Buchstaben. Und darunter Omas Adresse und ihre Telefonnummer.

„Was ist ein magisches Glückstier?“, fragt Hanna.

„Ein Tiergeist, der dich begleitet und dir hilft“, erklärt Oma und sieht sie strahlend an. Ganz so, als wäre das eine super Neuigkeit.

„So was wie ein Flaschengeist? Nur halt als Tier?“, fragt Hanna zögernd.

„Natürlich nicht!“ Oma schüttelt den Kopf, sodass die Locken nur so fliegen. „Flaschengeister gibt es nicht! Tiergeister aber schon. Viele haben das aber vergessen. Leider!“ Oma seufzt tief. Mit düsterer Miene betrachtet sie ihre roten Lippen im Rückspiegel. „Also, meine liebe Hanna: Ein Tiergeist ist so was wie ein Glücksbringer mit magischen Kräften!“ Oma lächelt zufrieden.

„Aha“, sagt Hanna. Tiergeist, magischer Glücksbringer – die Worte fahren Achterbahn in ihrem Kopf. Oma dagegen sieht aus, als wäre die Welt in bester Ordnung.

„Jeder Mensch hat einen eigenen Tiergeist. Vielleicht ist dein magisches Glückstier ja ein Adler oder ein Bär oder auch eine Raupe."

„Eine Raupe?" Hanna zieht eine Augenbraue hoch.
Was, wenn Sofia so ein Blatt in die Hände bekommt?, überlegt sie. Dann wird sich Sofia noch mehr lustig machen über sie. Bei dem Gedanken wird Hanna ganz heiß. „Lass mich das doch verteilen", bietet sie an und nimmt sich vor, die Blätter im nächsten Mülleimer zu versenken.

„Das ist lieb von dir, Hanna-Schätzchen", meint Oma und wirft einen letzten Blick auf ihre roten Lippen. „Aber es ist besser, wenn ich das mache." Oma reißt die Autotür auf und wirft sie mit Karacho wieder zu. Der Bulli wackelt.

„Oma! Warte doch!", ruft Hanna, aber Oma läuft schon zum Karate-Studio. Hanna schnappt sich die Sport-Tasche und rennt hinterher.

„Guten Abend“, grüßt Oma die anderen Erwachsenen.

„Oma! Nicht! Bitte!“, flüstert Hanna hinter ihr.

Aber Oma achtet nicht auf sie. Schon sitzt sie neben einem Mann mit einer großen viereckigen Brille. Der Mann wippt mit den Füßen und sieht aus, als würde er jeden Moment aufspringen. Doch dafür ist es jetzt zu spät. Oma hat ihn schon in ein Gespräch verwickelt. Hanna hört Oma „Heilerin“ und „in den allerbesten Händen“ flöten, da kommen Sofia und ihre Mutter durch die Tür. Oh nein! Hanna zieht die Schultern hoch und verschwindet in Richtung Umkleide. Hinter sich hört sie Sofia kichern.

*

„Hanna, hast du einen Moment Zeit?“, fragt Herr Saadi nach dem Training.

„Ja“, keucht Hanna. Sie ist noch ganz außer Atem.

Das Training heute war noch anstrengender als letztes Mal. Sie hat so sehr versucht, gut zu kämpfen, aber nichts ist ihr gelungen. Selbst die einfachsten Kicks und Faustschläge nicht. Als Hanna vor Herrn Saadi steht, grummelt ihr Bauch.

„Du trainierst hart“, sagt Herr Saadi, „das finde ich sehr gut. Aber du bist nicht 100-prozentig aufmerksam.“

Hanna schluckt und schluckt, aber ihre Nase kribbelt trotzdem und in ihren Augen schwimmen Tränen. Bestimmt will Herr Saadi sie nicht zur Landesmeisterschaft mitnehmen, und dabei wünscht sie sich so sehr mitzukämpfen! Mehr als alles andere auf der Welt.
Hanna senkt den Kopf. Herr Saadi soll ihre Tränen nicht sehen.

„Fühlst du dich hier nicht wohl, Hanna? Machst du dir über etwas Sorgen?“

Hanna zuckt mit den Schultern. Was sollte sie auch sagen? Wie sehr sie es hasst, dass Sofia sich die ganze Zeit über sie lustig macht? Und wie ungerecht sie das findet? Immerhin kann sie nichts dafür, dass sie nach Räucherstäbchen riecht.

Und für die Sache mit den magischen Glückstieren kann sie auch nichts. Aber was würde Herr Saadi von ihr denken, wenn sie ihm das erzählte? Wahrscheinlich würde er dann auch noch über sie und Oma lachen. Hanna seufzt. Wie sehr sie sich doch wünscht, Oma wäre so normal wie alle anderen Erwachsenen!

„Na gut, Hanna. Wenn du ein andermal mit mir reden magst, sag einfach Bescheid, ja?“

Hanna nickt. „Aber wenn ich die nächsten Male

gut bin, kann ich mit zur Landesmeisterschaft, oder?"

„Natürlich", meint Herr Saadi.

Hanna dreht sich um und rennt aus der Halle. Sie wird mit Oma reden. Das ist die Lösung! Wenn Oma wie alle anderen ist, kann sie bestimmt endlich wieder gut kämpfen!

Kapitel 6

Die Glückstier-Suche

„Ah, da bist du ja“, ruft Oma Hanna entgegen. „Ich habe gerade von dir geschwärmt und erzählt, was für ein tolles Mädchen du bist!“

„Hmm“, murmelt Hanna, schiebt die Hände in die Hosentaschen und guckt auf den Boden. Ein bisschen freut sie sich, ein bisschen findet sie das aber auch peinlich. Zum Glück verabschiedet sich Oma jetzt von der Frau neben ihr.

Im Bulli holt Hanna tief Luft. „Du? Oma?“

„Ja?“, fragt Oma und sieht sie aufmerksam an.

„Kannst du bitte ... äh ... na ja ... so tun, als wärst du normal?“

Oma guckt verblüfft. „Normal?“, fragt sie.

Hanna nickt. „Ohne die Feder-Ohrringe und die Ketten und so. Und ohne die Zettel mit den magischen Glückstieren“, erklärt sie. Und dann will sie noch „Und ohne Räucherstäbchen“ sagen, aber Oma unterbricht sie.

„Hanna!“, ruft sie entsetzt und guckt, als hätte Hanna sie gerade gebeten, sich bei glühender Hitze im Schneeanzug ins Freibad zu legen. „Jeder sollte doch so leben können, wie er will, findest du etwa nicht?“

„Äh, na ja“, stottert Hanna.

„Siehst du!“, sagt Oma.

Hanna lässt den Kopf hängen. Und plötzlich ist ihr nach Weinen. Sie weiß einfach nicht, was sie noch machen soll.

„Was ist denn los, Hanna?“, fragt Oma und nimmt ihre Hände.

„Herr Saadi will mich nicht zur Landesmeisterschaft mitnehmen“, schluchzt Hanna.

„Oh, das tut mir leid.“

Einen Moment guckt Oma ganz ratlos. Dann plötzlich hellt sich ihre Miene auf und ein Finger schnellt in die Luft.

„Ich weiß, was dir helfen wird!“, ruft sie, tritt aufs Gaspedal und schießt aus der Parklücke.

Hanna schnieft und hält sich am Autositz fest.

„Wir finden dein magisches Glückstier!“, schreit Oma über den laut röhrenden Motor hinweg.

*

Hanna sitzt an einem Lagerfeuer mitten im Wald. Holz knackt und Blätter rascheln. Der Himmel ist blaugrau. Zwischen den Bäumen hängt ein blasser Mond. Hoch über Hanna beugen sich Tannenspitzen im Wind. Sie werfen dunkle Schatten.

Hanna ist unheimlich. Wegen dem Wald und der Dunkelheit, aber auch wegen Oma. Oma hält eine flache Trommel in der Hand. Sie steht auf der anderen Seite des Feuers, zwischen ihnen zucken die Flammen und Rauch steigt auf. Omas Gesicht ist wild bemalt und sie trägt ein Fell über ihrem langen Kleid. Vielleicht ein Bärenfell, überlegt Hanna. Um Omas Hals hängt eine Kette aus langen, spitzen Zähnen. Hanna schaudert, die Härchen auf ihren Armen stellen sich auf. Ob Oma einen echten Bären erlegt hat?

„Jetzt leg dich hin und schließ die Augen“, flötet Oma.

Hanna kneift die Augen zusammen und Oma beginnt zu trommeln. Mit geschlossenen Augen hört Hanna alles viel lauter. Das Trommeln, das Knacken des Feuers, den Wind. Plötzlich schreit jemand.
Hanna reißt die Augen auf.

„Das war eine Eule“, grummelt Oma.

„Und wenn jetzt ein gefährliches Tier kommt?“, fragt Hanna. „Ein Wolf?“

„Dann heißen wir ihn willkommen. Der Wolf ist ein wunderbares Tier.“

Hanna ist sich nicht so sicher, ob sie es so wunderbar fände, wenn sich ein Wolf anschleichen würde.

„Schließe jetzt die Augen.“

Hanna kneift ein Auge zu, das andere lässt sie lieber offen.

Oma trommelt weiter und fängt dabei leise an zu reden. Sie erzählt von einer Reise. Zuerst hört Hanna noch zu, aber dann verschwimmen Omas Stimme und das Trommeln. Auch ihr offenes Auge fällt jetzt zu. Es ist warm. So warm wie in Hongkong. Hanna stellt sich vor, wie sie mit Papa durch die Stadt geht. Wie sie beide über den bunten Markt spazieren, von dem Papa ihr erzählt hat. Wie Papa ihre Hand nimmt und sie fest drückt. Und wie er ihr dann sagt, wie sehr er sie vermisst hat.

„Und??“, fragt Oma und rüttelt an Hannas Schulter.

„Ähh“, sagt Hanna und schreckt auf.

„Welches Tier ist dir begegnet?“

Oma sieht sie neugierig an. Hanna will nicht zugeben, dass sie gar nicht mehr zugehört hat. Also sagt sie schnell: „Eine Eidechse." Sie denkt an die Eidechsen, die sich gern vor Omas Haus sonnen.

„Ah! Sehr gut." Oma lächelt. Dann setzt sie sich neben Hanna und legt das Bärenfell über ihre Beine.

Das Feuer knackt und flackert und Oma erzählt Geschichten von früher. Von damals, als Mama noch klein war. Hanna kuschelt sich an sie und hört zu. Papa mag nicht gern über Mama reden, weil er dann traurig wird. Dabei liebt Hanna Geschichten über Mama.

Jetzt ist es sehr gemütlich und kein bisschen unheimlich mehr. Hanna wünscht sich, dass Oma ewig weitererzählt. Doch irgendwann müssen sie zurück. In dieser Nacht schläft Hanna tief und fest.

Kapitel 7

Eidechse, Tarantel und Tiger

Oma rutscht aufgeregt auf dem Fahrersitz herum. „Heute ist dein Tag, Hanna! Denk an meine Worte: Das Leben hält viele Überraschungen bereit“, sagt sie, reibt sich die Hände und strahlt über das ganze Gesicht. „Dein magisches Glückstier wird dich begleiten und stärken. Du wirst super kämpfen! Das spüre ich in meinem großen Zeh.“

„Mmh“, murmelt Hanna. Insgeheim fragt sie sich, wie ihr eine Eidechse beim Kämpfen helfen soll. Und selbst wenn Omas Tiergeister tatsächlich magische Kräfte haben, nützt Hanna das nichts. Schließlich hat sie Oma ja nur angeschwindelt mit der Eidechse.

Oma umarmt Hanna zum Abschied und reicht ihr

die Sport-Tasche. Die Tasche ist ganz warm von der Sonne.

„Möge dein magisches Glückstier mit dir sein, Hanna“, sagt Oma und kichert ausgelassen.

„Tschüss“, verabschiedet sich Hanna schnell, bevor Oma noch auf die Idee kommt, sie zu begleiten und neue Zettel zu verteilen.

Hanna betritt die Umkleide und sofort hält sich Sofia mit spitzen Fingern die Nase zu. Hanna tut so, als würde sie das nicht sehen. Sie wirft ihre Tasche auf eine Bank und zieht den Reißverschluss auf.
Dann geht alles ganz schnell: Etwas Braunes schießt heraus, rast über die Bank und runter auf den Boden. Die anderen kreischen, reißen ihre Taschen hoch und stürmen raus. Hanna steht vor Schreck ganz still. Sie starrt in ihre Tasche.

Was war das? Eine Eidechse? Das kann doch

nicht sein! Wie soll eine Eidechse in ihre Tasche kommen?

Oma!, fällt es ihr ein. Oma hat ihr eine Eidechse in die Tasche gezaubert. Das ist die Überraschung, von der sie gesprochen hat! Hoffentlich hat Omas Eidechse keine magischen Kräfte. Mit klopfendem Herzen guckt sich Hanna in der Umkleide um, aber da ist nichts. Nirgendwo ein Tier.

„Hiiilfe!", hört sie da Sofia kreischen, „eine Tarantel!"

Eine Tarantel? Das stimmt doch gar nicht! Aus ihrer Tasche ist doch keine riesige Giftspinne gekrabbelt, bestimmt nicht!

Jetzt hört Hanna draußen auch die Erwachsenen durcheinanderschreien.

„Eine Tarantel?! Das darf doch nicht wahr sein!"

„O mein Gott! Frido, komm sofort her!“

„Nele, wo bist du?? Nele!“

Hanna stürzt raus. Draußen wird sie fast von den Kleinen umgerannt. Sie rasen aus der Halle, schreien und kreischen und schubsen sich gegenseitig weg.
Der Mann mit der viereckigen Brille steht auf einem Stuhl. Er wippt wie verrückt mit dem Fuß

und sieht ganz blass aus. Die Frau neben ihm stampft mit den Füßen auf die Erde und schreit:

„Vertreibt sie! Vertreibt sie!“

Überall herrscht Chaos. Nur Sofia lehnt ganz ruhig an der Theke am Eingang und grinst.

Und was ist das hinten auf der Theke, dicht an der Wand?

Hanna kneift die Augen zusammen. Ein kleiner Hügel, etwa so lang wie das Lineal in ihrem Mäppchen. Die Eidechse! Sie hat fast die gleiche Farbe wie die Theke und steht ganz still.

„Das ist keine Tarantel!“, ruft Hanna, „das ist eine Eidechse! Guckt doch! Auf der Theke!“

Aber niemand hört auf sie. Eltern zerren ihre Kinder hinter sich her, Stühle krachen auf den Boden, die Kleinen weinen.

Plötzlich steht Herr Saadi mitten im Raum und klatscht in die Hände. „Ruhe!“, dröhnt seine Stimme über den Lärm hinweg wie das Brüllen eines Löwen. „Was ist hier los?“

„Hanna hat eine Tarantel zum Karate mitgebracht!“, ruft Sofia.

„Quatsch!“, wehrt sich Hanna. „Das ist keine Tarantel. Das ist eine Eidechse! Da, auf der Theke!“

Alle drehen sich zur Theke. Die Eidechse bekommt wohl einen Schreck. Auf jeden Fall rast sie los. Über die Theke und durch das offene Fenster nach draußen.

„Ach, eine Eidechse“, seufzen die Erwachsenen. Sie steigen von den Stühlen, die Kleinen hören auf zu weinen.

„So, das wäre dann wohl geklärt“, sagt Herr

Saadi. Dann sieht er Hanna an. Sein Blick ist finster. „Hanna, kommst du bitte mal mit?"

Hanna folgt Herrn Saadi in sein Büro. Vor einem Tisch voller Mappen und Ordner und Faust-Schützern bleiben sie stehen.

„Hanna", sagt Herr Saadi und guckt sie ernst an, „warum nimmst du eine Eidechse mit zum Training?"

„Ich hab sie nicht mitgenommen", verteidigt sich Hanna.

„Aber sie war in deiner Tasche, oder?"

Hanna nickt.

„Und wie kommt sie dahin?"

„Keine Ahnung", murmelt Hanna und verschränkt die Arme.

Herr Saadi guckt auf das große Tigerbild draußen in der Halle und schweigt. Hanna guckt auf den Boden und schweigt auch.

„Eine gute Karate-Kämpferin“, sagt Herr Saadi schließlich, „hat stets Kontrolle über sich selbst und Respekt vor anderen. Genauso wie sie Respekt hat vor sich selbst.“

Herr Saadi zieht die Worte beim Sprechen lang wie Kaugummi. Dann schaut er Hanna an, als würde er eine Antwort erwarten. Aber was soll sie dazu sagen? Hanna zuckt mit den Schultern.

Herr Saadi seufzt. „Wenn so etwas noch einmal passiert, kann ich dich nicht mehr hier trainieren lassen, Hanna. Dann bist du noch nicht reif für die Kunst des Karate.“

Hanna beißt sich auf die Lippen. Was kann sie dafür, dass Oma ihr eine Eidechse in die Tasche gezaubert hat? Nichts! Aber natürlich ist Oma fein raus, einfach nur, weil Erwachsene so etwas normalerweise nie machen würden. Und sowieso auch nicht zaubern können. Deshalb würde ihr Herr Saadi auch nie glauben, wenn sie die Wahrheit sagte. Jetzt muss sie Omas dumme Idee ausbaden. Und deshalb ist es jetzt wahrscheinlich endgültig Essig mit der Landesmeisterschaft!

Kapitel 8

Der Riesen-Streit

Hanna schnappt sich ihre Tasche und rennt aus der Umkleide.

„Hanna, da bist du ja endlich!", ruft ihr Oma entgegen.

Warum zum Teufel kann Oma nicht einfach im Bulli warten? Hanna funkelt Oma wütend an. Aber das sieht Oma schon nicht mehr, denn jetzt kramt sie in ihrer großen roten Tasche.

„Halt mal", sagt sie und drückt Hanna drei große Federn in die Hand. „Aber vorsichtig."

Sie schaut Hanna tief in die Augen. „Das sind echte Adler-Federn", flüstert sie ihr zu, als würde sie ihr gerade ein Geheimnis anvertrauen. „Ihrem

Träger verleihen sie die Kraft und die Leichtigkeit des Adlers." Oma steckt ihren Kopf wieder in die Tasche und kramt weiter. „Wo hab ich denn nur ...", murmelt sie.

„Können wir jetzt endlich gehen?", knirscht Hanna.

„Geduld, Schätzchen", säuselt Oma aus ihrer Tasche raus. „Hach, ich finde hier aber auch gar nichts mehr."

Am liebsten würde Hanna die Adler-Federn in die Ecke schleudern – Omas blöder Eidechse hinterher! Und genau das wird sie jetzt auch einfach machen, beschließt Hanna. Soll Oma doch sehen, wie sie ihre Adler-Federn wiederkriegt. Hannas Hand schließt sich fester um die Federn. Gerade will sie ausholen, da kommt Herr Saadi aus der Halle. Im selben Moment taucht Omas Kopf aus der Tasche auf. In ihrer Hand hält sie einen Stapel Glückstier-Zettel.

Herr Saadi!“, flötet Oma. „Ich hab da noch was für Sie!“ Sie wedelt Amar Saadi mit den Zetteln zu. Herr Saadi guckt zu ihnen rüber. Schnell versteckt Hanna die Federn hinter ihrem Rücken.

„Frau Stern, guten Tag“, grüßt Herr Saadi. „Ich habe leider keine Zeit. Ich muss weiter zum nächsten Training.“

„Aber dafür, lieber Amar Saadi, dafür sollten Sie sich Zeit nehmen!“, ruft Oma.

Hanna starrt auf den Boden. Ihr ist heiß. Wie peinlich! Sie kann nicht hinsehen. Jetzt gibt Oma Herrn Saadi einen Glückstier-Zettel.

„Es lohnt sich. Bei mir sind Sie in den allerbesten Händen“, sagt Oma noch.

Da lässt Hanna die Adler-Federn einfach fallen, rennt raus auf den Parkplatz und schlägt die Tür hinter sich zu.

„Was ist denn nur los?“, fragt Oma, als sie im Bulli sitzen.

Hanna zuckt mit den Schultern.

„Wie war das Training heute?“, fragt Oma weiter, tritt auf das Gas, reißt das Lenkrad herum und schießt auf die Straße. Das Auto hinter ihnen hupt.

„Schrecklich“, knurrt Hanna.

Oma haut auch auf die Hupe. Dann fischt sie eine große Sonnenbrille aus ihrer Tasche. „Was hast du gesagt, Hanna-Schätzchen?“

Hanna bohrt die Fingernägel in ihre Hände. Ihr Herz pocht immer schneller. „ES. WAR. SCHRECKLICH!“, schreit sie.

Oma dreht sich zu ihr und guckt verblüfft. „Du brauchst nicht so zu schreien. Meine Ohren sind sehr gut. Ich kann dich laut und deutlich verstehen."

„Gar nichts verstehst du!", brüllt Hanna noch lauter. „Du kannst nur alles kaputt machen! Mit deinen blöden Glückstieren und allem!"

„Aber ...", sagt Oma, doch Hanna schreit einfach weiter. Sie ist so wütend, am liebsten würde sie den ganzen Bulli zertrümmern.

„Zur Landesmeisterschaft nimmt mich Herr Saadi jetzt auf jeden Fall nicht mehr mit. Vielleicht darf ich nicht mal mehr bei ihm trainieren. Und da bist nur du dran schuld mit deiner blöden Eidechse!"
Hannas Blick fällt auf eine Packung Räucherstäbchen, die in Omas Bulli rumliegt. Sie zerrt die Stäbchen aus der Packung, bricht sie in der Mitte durch, schmeißt sie auf den Boden und tritt drauf.

„Deine Räucherstäbchen stinken“, brüllt sie. „Dein ganzes blödes Haus stinkt danach. Ich will da nicht mehr wohnen.“

Oma umklammert das Lenkrad und starrt auf die Straße. Sie sagt nichts mehr.

Gut so, findet Hanna. Und dann faucht sie noch: „Mit deinen Ketten und dem ganzen Zeug bist du so peinlich. Und wahrscheinlich bist du auch verrückt. Genau wie Papa sagt.“

Oma blinzelt. Sie biegt in die Einfahrt vor ihrem Haus und bremst. Dann blinzelt sie wieder. Ob das Tränen sind, fragt sich Hanna kurz. Dann fällt ihr Blick auf die Mauer, auf der sich immer die Eidechsen sonnen.

„Ich hasse dich“, zischt Hanna und reißt die Tür auf. „Ab jetzt nehme ich den Bus zum Training. Ich will nichts mehr mit dir zu tun haben!“ Hanna schmeißt die Autotür zu und rennt ins Haus.

Kapitel 9

Magische Federn

Charly hat Hanna eine Postkarte geschickt. Hanna streicht über den aufgedruckten Tiger mit Glitzer. Dann dreht sie die Karte um und liest sie noch einmal:

Liebe Hanna,
wir haben heute hitzefrei bekommen und ich bin ins Freibad gegangen. Da bin ich vom 5-Meter-Brett gesprungen. Zehn Mal! Springst du mit mir, wenn du wieder da bist?
Liebe Grüße, deine Charly

Darunter hat Charly ein großes Herz gemalt. Und unter das Herz hat sie geschrieben:

PS: Wann sind sechs Monate vorbei?

Hanna seufzt. Von den sechs Monaten bei Oma ist erst eine einzige Woche vorbei. Und sechs Monate haben 24 Wochen, das hat Hanna schon ausgerechnet. 24 Wochen sind so lang wie vier Sommerferien hintereinander.

Wie gern würde sie Oma fragen, wann Charly sie besuchen darf. Aber das geht jetzt nicht mehr, wegen des Streits. Oma ist total sauer auf sie, da ist sich Hanna sicher. Sie und Oma reden gerade nicht viel miteinander. Was sie im Streit zu Oma gesagt hat, tut ihr jetzt ein bisschen leid. Hanna guckt aus dem Busfenster. Heute ist der erste Tag, an dem sie alleine zum Karate-Studio fährt.

Als der Bus anhält, steckt Hanna vorsichtig Charlys Karte in ihre Jacke, hängt sich die Sport-Tasche um und steht auf.

Kaum ist Hanna in der Umkleide, hält sich Sofia die Nase zu. „Puh“, stöhnt sie und fächert sich mit der anderen Hand Luft zu. „Hast du heute etwa ein Stinktier dabei?“ Sie kichert, schnappt sich ihre Wasserflasche und rennt raus.

Aischa und Letizia gucken sich an und grinsen. Dann laufen sie Sofia hinterher.
Jetzt ist die Umkleide leer. Hanna schluckt und lässt sich auf die Bank fallen. Plötzlich weiß sie gar nicht, ob sie überhaupt Lust hat auf das Karate-Training. Wahrscheinlich fliegt sie ja eh bald raus. Sie greift in ihre Jacke und streicht mit dem Finger über Charlys Karte. Wie gern wäre sie einfach zu Hause! Aber das geht ja nicht.

Hanna seufzt und hebt ihre Tasche auf die Bank. Sie zieht den Reißverschluss auf. Mittendrin hält sie inne. Was ist das schon wieder? Sie runzelt die Stirn und beugt sich über die Tasche. Dann erkennt sie, was auf ihrem Karate-Anzug liegt: die Adler-Federn von Oma! Die Federn sind mit einer roten Schleife zusammengebunden. An der Schleife baumelt ein Kärtchen, darauf steht in einer schnörkeligen Schrift:

Für meine Hanna.
Damit sie kämpfen und fliegen kann wie ein Adler.
Von deiner Oma

Plötzlich fühlt sich Hanna ganz leicht, wie ein Luftballon. Sie streicht über die Federn und lächelt. Dann ist Oma vielleicht doch gar nicht so wütend auf sie.

„Hallo, Hanna."

Hanna lässt die Federn in ihre Tasche fallen und fährt herum.
Elena steht in der Tür.

„Ha...hallo", stammelt Hanna und stellt sich schnell vor ihre Tasche.

Elena bleibt stehen und versucht, an Hanna vorbei in die Tasche zu gucken.

„Was hast du denn da?“, fragt sie.

„N...nichts.“

„Hmm“, meint Elena. Sie zögert einen Moment, dann setzt sie sich auf die Bank gegenüber. „Du“, sagt sie und kratzt sich am Arm, „das mit der Eidechse ... ich wusste, dass es keine Tarantel ist.“

Hanna zuckt mit den Schultern. „Ist doch egal.“

Elena schüttelt den Kopf. Dann kaut sie auf ihrer Lippe rum und guckt in ihre Tasche, als lägen da auch Adler-Federn drin. „Tut mir leid, dass ich nichts gesagt habe“, murmelt sie schließlich.

Hanna schaut sie erstaunt an. „Nicht so schlimm.“

Elena lächelt erleichtert.
„Cool!“, meint sie und holt ihren Karate-Anzug aus der Tasche.

Auch Hanna zieht sich um. Am Ende bindet sie ihren Gürtel. Nachdenklich guckt sie auf die Federn. Vielleicht haben sie ja wirklich eine besondere Kraft. Zauberkraft, denkt Hanna und die kleinen Haare auf ihren Armen stellen sich auf.

Dann fasst sie einen Entschluss: Sie wird mit Omas Federn trainieren. Schnell schielt sie zu Elena rüber. Der Moment ist günstig: Elena sucht gerade was in ihrer Tasche. Heimlich schiebt Hanna eine von Omas Federn unter ihren Gürtel. Elena scheint nichts bemerkt zu haben. Gerade nimmt sie ihre Wasserflasche und geht zur Tür. Dort dreht sie sich noch mal um.

„Kommst du mit?“, fragt sie, ganz so, als wären Hanna und sie Freundinnen.

Hanna strahlt. „Klar!“

Kapitel 10

Adler und Schlange Teil I – die Entscheidung

Hanna läuft mit Elena in die Halle. Sofia steht in der Ecke gegenüber und guckt zu ihr rüber. Dann flüstert sie Aischa und Letizia etwas zu und die drei kichern. Elena verdreht die Augen. Das fühlt sich gut an. Trotzdem ist Hanna froh, als das Training beginnt.

Bei der ersten Übung sollen sie jedes Mal den Gegner wechseln, wenn Herr Saadi in die Hände klatscht. Hanna kämpft zuerst gegen Elena und das klappt richtig gut.

„Sehr gut gezielt, Hanna!“, lobt Herr Saadi.

Dann klatscht er in die Hände. Elena und Hanna verbeugen sich voreinander, denn das ist auch am Ende eines Kampfs üblich. Danach geht Elena weiter. Einen Augenblick später steht Sofia vor Hanna. Hanna schluckt. Am liebsten würde sie eine Runde aussetzen. Sofia rümpft die Nase und geht einen Schritt zurück, statt sich zu verbeugen. Hanna spürt einen Stich.

Doch bevor sie sich wie ein Stinktier fühlt, fällt ihr die Adler-Feder unter ihrem Gürtel wieder ein. Die magische Feder, die Oma ihr geschenkt hat. Trotz all der schlimmen Sachen, die sie Oma an den Kopf geworfen hat.

Und da, mit einem Mal, kribbelt Hannas Haut. Das Kribbeln fühlt sich an, als würden ihr Federn wachsen. Schnell schaut Hanna auf ihre Hände, aber da sind keine Federn. Sie hebt den Kopf und sieht Sofia direkt in die Augen. Sofia guckt verwirrt zurück. Sie sieht ein bisschen ängstlich aus, findet Hanna. Fast wie eine Maus, die einen Adler gesichtet hat. Hanna muss grinsen. Dann verbeugt sie sich.

Und dann greift sie an. Blitzschnell. Sofia schafft es nicht, rechtzeitig auszuweichen. Sie kann den Kick nicht abwehren.

„Sofia!“, ruft Herr Saadi, „aufpassen.“

Sofia schnaubt. In Hanna aber breitet sich Wärme aus. Und ein bisschen fühlt sich das an, als würde Sonne auf ein Adler-Gefieder scheinen.

Kurz vor Ende des Trainings trommelt Herr Saadi alle zusammen.
„Ich will es kurz machen“, sagt er. „Ich habe entschieden, wen ich zur Landesmeisterschaft mitnehme.“

Plötzlich scheinen alle den Atem anzuhalten. Nur Hanna lehnt sich an eine Säule in der Mitte der Halle und verschränkt die Arme. Am liebsten würde sie einfach gehen, sie wird ja sowieso nicht mitkommen dürfen.

Herr Saadis Blick wandert von einem zum anderen. „Paulo und Finn“, sagt er, „ihr seid gesetzt!“

„Yeah!“, schreit Finn und springt in die Luft. Dann bricht auch Paulo in Jubel aus. Die beiden klatschen sich ab.

Als Nächstes sieht Herr Saadi zu Elena. „Dich werde ich auch anmelden.“

Elena strahlt.

„Was ist mit mir?“, fragt Sofia. Ihre Stimme klingt merkwürdig piepsig.

„Das Training heute war nicht gerade dein bestes, Sofia“, meint Herr Saadi. „Trotzdem bleibst du die stärkste Karate-Kämpferin der Gruppe.“

Sofias Augen leuchten auf. Sie wirft ihren Zopf

zurück und reckt das Kinn nach oben. „Danke, Herr Saadi“, haucht sie. „Sie sind auch echt ein super Trainer.“

Herr Saadi guckt auf das Tigerbild hinter ihnen an der Wand und schweigt. „Sofia“, sagt er schließlich, „du hast dich heute sehr unfair verhalten.“

Sofia reißt die Augen auf. „Ich hab gar nichts gemacht!“

Jetzt gucken alle abwechselnd zu Herrn Saadi und zu Sofia. Sofia läuft rot an, bis sie fast dieselbe Farbe hat wie Hannas Faust-Schützer.

„Die Verbeugung“, sagt Herr Saadi, „ist ein Zeichen des Respekts vor dem Gegner. Du hast dich vor Hanna nicht verbeugt. Stattdessen hast du dich über sie lustig gemacht. Das ist respektlos.“

„Aber ... Herr Saadi, ich hab gar nicht ...“, beteuert Sofia mit ihrer neuen Pieps-Stimme.

Herr Saadi runzelt die Stirn, bis sich die Augenbrauen fast berühren.

Sofia schießen Tränen in die Augen. „Das war nicht absichtlich!“, schnieft sie. „Ich hab das nur vergessen! Echt!“

Herr Saadi schüttelt den Kopf. „Ich werde beim nächsten Training entscheiden, ob ich dich mitnehme“, sagt er.

Dann wendet er sich Hanna zu. Hanna richtet sich auf. Ihr Herz klopft plötzlich so schnell, als wollte es aus ihr rausspringen. „Hanna“, sagt Herr Saadi, „du hast fair gekämpft und dich respektvoll verhalten. Und das, obwohl deine Gegnerin keinen Respekt gezeigt hat.“

Hanna kneift die Augen zusammen und kreuzt

die Finger hinter ihrem Rücken. Vielleicht darf sie ja doch mit zur Landesmeisterschaft. Bitte, denkt sie, ich möchte so schrecklich gern mit!

Herr Saadi lächelt. Das Düstere ist aus seinem Blick verschwunden. „Deshalb, Hanna, nehme ich dich sehr gern mit zur Landesmeisterschaft.“

„Juhuuu!“, ruft Hanna. Viel lauter, als sie vorhatte. Und so klingt es fast wie ein Schrei. Der Schrei eines Adlers, denkt Hanna. Um sie herum stürmen jetzt die anderen aus der Halle. Als sie weg sind, streckt Hanna die Arme aus – so wie ein Adler seine Flügel. Dann dreht auch sie sich um und läuft los.

Kapitel 11

Adler und Schlange Teil II – der große Tag

Die Landesmeisterschaft im Karate wird in einer Turnhalle ausgetragen, in der es eine Tribüne gibt. Dort sitzen die Zuschauer.

Hanna läuft vor der Zuschauer-Tribüne hin und her – ihr ist schlecht. Ihre Beine fühlen sich an wie aus Gummi und ihre Arme auch. Mit so weichen Armen und Beinen wird sie haushoch verlieren, das ist schon mal klar. Auf der breiten Matte vor Hanna kämpfen zwei Mädchen aus der Gruppe der unter 12-Jährigen. Die beiden sind gut, aber nicht unschlagbar. Wegen ihnen hätte sie bestimmt nicht solche Gummi-Beine, denkt Hanna. Die hat sie nur wegen einer Gegnerin: Sofia.

Hanna schielt zu Sofia rüber. Die lehnt ein paar Meter entfernt an der Wand. Leider sieht sie überhaupt nicht so aus, als hätte sie Gummi-Beine oder Gummi-Arme.

Hanna schluckt. Wenn doch zumindest Elena da wäre, statt krank im Bett zu liegen. Noch viel lieber als Elena wäre ihr natürlich Charly. Aber Charly ist weit weg.

In den letzten Tagen hat Hanna Oma mindestens 20-mal gefragt, wann Charly sie denn besuchen darf. Aber jedes Mal ist Oma aufgesprungen und musste dringend was erledigen: Räucherstäbchen anzünden oder ihre Kräuter gießen zum Beispiel.

Hanna seufzt.

Wahrscheinlich will Oma nicht, dass Charly zu Besuch kommt, denkt sie. Bestimmt ist Oma immer noch sauer wegen des Streits.

Eigentlich wollte Hanna sich auch längst entschuldigen für die gemeinen Sachen, die sie Oma an den Kopf geworfen hat. Aber jedes Mal war ihr Mund wie zugeklebt, wenn sie es versucht hat. Und deshalb ist sie jetzt ganz allein bei der Landesmeisterschaft. Ohne Charly und ohne Oma. Und sogar ohne Elena.

Hanna seufzt noch mal. Jetzt guckt Sofia zu ihr rüber und grinst. Dann stößt sie sich mit einem Bein von der Wand ab und kommt auf Hanna zu. Schnell geht Hanna in die andere Richtung. Aber das stört Sofia nicht die Bohne.

„Na“, sagt sie und läuft neben Hanna her. „Angst?“

„Vor dir bestimmt nicht“, knurrt Hanna.

Sofia grinst. „Sieht aber so aus. Du bist ganz grün im Gesicht.“

Hanna schweigt.

Sie will, dass Sofia abhaut. Aber Sofia denkt gar nicht dran.

„Puh! Was für ein Gestank da hinten“, zischt sie.

Wieso jetzt da hinten, fragt sich Hanna. Aber sie presst den Mund zusammen. Sie will nicht mit Sofia reden.

„Unglaublich, dass sie überhaupt reingelassen wurde“, zischelt Sofia weiter.

„Wer denn?“, rutscht Hanna die Frage jetzt doch raus.

„Wer denn?“, äfft Sofia sie nach. „Na, wer wohl? Du weißt genau, wen ich meine.“

Hanna zuckt mit den Schultern.
Sie hat keine Ahnung, von wem Sofia spricht.

Und eigentlich ist es ihr auch piepegal. „Lass mich einfach in Ruhe, okay?“, sagt sie und verschränkt die Arme.

„Klar, kein Problem. Bis gleich auf der Matte, Stinki!“, flüstert Sofia.

„Blöde Kuh“, knirscht Hanna. Dann guckt sie zu der Wand, an der Sofia vorhin gelehnt hat. Da hocken zwei kleine Jungen von einem anderen Verein. Sie warten auf ihren nächsten Kampf. Ob einer von ihnen auch nach Räucherstäbchen riecht?

Während Hanna noch überlegt, hört sie plötzlich jemanden ihren Namen rufen. Die Stimme kommt ihr bekannt vor. Sehr bekannt sogar! Hannas Herz schlägt schneller. Kann das sein? Sie stolpert einen Schritt zurück, starrt zu der Zuschauer-Tribüne über den beiden Jungen.

„Hanna! Hier bin ich!“

Und wirklich! Charly! Da oben sitzt ganz eindeutig ihre beste Freundin.

„Hanna! Hanna!“, brüllt sie und winkt wild mit den Armen.

„Charly“, will Hanna rufen, aber aus ihrem Mund kommt nur ein Flüstern. Tränen steigen ihr in die Augen. Charly ist da.

Hanna formt mit ihren Händen ein Herz. Und da erst entdeckt sie Oma. Oma sitzt gleich neben Charly. Aber sie sieht ganz anders aus als sonst, deshalb hat Hanna sie zuerst gar nicht erkannt. Die grauen Locken sind in einem Zopf verschwunden und sie trägt keine Ohrringe und keine einzige Kette. Hanna ist baff: Oma sieht ja aus wie die anderen Erwachsenen! Völlig normal. Und sie hat Charly eingeladen, denkt Hanna.

Und plötzlich ist ihr klar: All das hat Oma für sie getan. Am liebsten würde Hanna auf die Tribüne rennen und Oma umarmen. Aber das geht natürlich nicht.

Hanna legt die Hand auf ihren Gürtel. Darunter hat sie wieder Omas Feder versteckt. Ohne weiter darüber nachzudenken, zieht Hanna jetzt die Feder heraus und hält sie hoch über ihren Kopf. Sofia starrt sie ungläubig an. Hanna starrt zurück. Und dann, ganz langsam, steckt sie sich Omas Adler-Feder ins Haar.

Kapitel 12

Der Flug des Adlers

Gleich wird der Schiedsrichter das Zeichen geben. Dann beginnt Hannas erster Kampf. Und das wird auch der schwerste, so viel ist schon mal klar, denkt Hanna. Vor ihr steht nämlich niemand anders als Sofia.

Seit Hanna die Matte betreten hat, ist es, als wäre die Welt drum herum leiser gestellt worden. Das Rufen der Zuschauer hört Hanna kaum noch. Alles andere bemerkt sie dafür viel stärker. Die Luft riecht muffig. Nach altem Schweiß und Turnschuhen. Sofias Augen sind eisblau. Hannas Blick prallt daran ab wie an einer Wand. Sie spürt die Adler-Feder in ihrem Haar.

Jetzt hebt der Schiedsrichter den Arm und verbeugt sich. Hannas Herz schlägt schneller. Sie verbeugt sich vor dem Schiedsrichter, dann dreht sie sich zu Sofia. Der Schiedsrichter tritt einen Schritt zurück. Hanna und Sofia verbeugen sich voreinander.

Und dann beginnt der Kampf. Sofia stürzt auf Hanna zu. Sie reißt ihr Bein hoch, doch Hanna weicht dem Tritt aus. Sie tänzelt einen winzigen Schritt zur Seite – gerade weit genug, um Sofias Bein wegzuschlagen. Sofia schwankt. Hanna nutzt den Moment. Sie ballt ihre Hände zu Fäusten, holt mit dem linken Arm aus. Aber das ist ein Trick: Sie tut so, als wollte sie mit links zuschlagen, will Sofia aber rechts treffen.

Sofia fällt auf den Trick rein. Sie schützt ihre linke Seite. Da erwischt Hanna sie mit der rechten Faust. Sofia taumelt, nur kurz, dann fängt sie sich wieder. Doch zu spät, Hanna kickt schon gegen ihre Schulter. Noch ein Punkt für sie! Sofia taumelt zurück. Hanna springt hinterher, die Hände zu Fäusten geballt, die Füße in der Luft.

Einen Moment lang fliegt sie, saust auf Sofia zu. Dann berühren ihre Füße wieder den Boden. Im selben Moment trifft ihre Faust Sofia.

Hannas Atem rast. Gerade will sie den nächsten Angriff starten, da ist die Zeit um. 3:0 für Hanna. Sie hat gewonnen. Sie hat wirklich gewonnen. Sie hat Sofia besiegt! Hanna schreit. Es ist ein wilder Jubelschrei, spitz und hoch wie der Schrei eines Adlers.

*

Musik erfüllt die Halle, die Zuschauer klatschen. Aber davon bekommt Hanna kaum etwas mit. Sie steht auf einem Podest. Und zwar ganz oben. Hanna ist die Siegerin des Turniers! Sie hat alle Kämpfe gewonnen! Vor ihr steht eine Frau mit einem Seidenband in der Hand. Daran baumelt die Goldmedaille. Ihre Goldmedaille, denn jetzt hängt die Frau ihr die Medaille um den Hals. Sie ist Landesmeisterin! Ganz wirklich!

„Herzlichen Glückwunsch“, sagt die Frau und schüttelt ihre Hand.

„Danke“, flüstert Hanna.

Die Zuschauer stehen auf. Sie klatschen und pfeifen und trampeln mit den Füßen auf den Boden. Hanna strahlt und verbeugt sich. Auch das Mädchen auf dem 2. Platz und Sofia auf dem 3. verbeugen sich. Sofia sieht dabei aber aus, als hätte sie gerade ihre Medaille verschluckt.

Hanna sucht mit den Augen nach Charly und Oma. Wo sind die beiden nur? Sie würde ihnen so gern zuwinken.

„Hanna!“, hört sie da Charly.

Und einen Moment später sieht sie ihre Freundin auch. Charly stürmt auf Hanna zu. Hanna springt vom Podest und rennt ihr entgegen.

„Du hast gewonnen!“, schreit Charly und schüttelt Hanna, „du hast echt gewonnen! Das ist der WAHNSINN!“ Charlys Augen leuchten. Hanna will Charly direkt ihre Medaille zeigen, aber da legt Oma die Hand auf ihre Schulter.

„Hanna“, sagt Oma.

Hanna dreht sich um.

„Herzlichen Glückwunsch!“

„Danke“, murmelt Hanna. Dann holt sie tief Luft.

„Oma“, sagt sie.

„Ja?“, fragt Oma. Ihr Blick ist ganz weich.

„Entschuldigung.“ Das Wort kommt jetzt einfach so aus Hannas Mund raus. Und mit einem Mal ist es so, als hätte sie nach langer Zeit etwas sehr Schweres von sich abschütteln können.
„Es tut mir leid, was ich alles zu dir gesagt hab“, sagt sie schnell, bevor ihr Mund sich wieder wie zugeklebt anfühlt.

Oma streicht ihr über's Haar. „Mir tut es leid, dass ich nicht darauf geachtet habe, was dir wichtig ist, Hanna. Und dass ich dir nicht richtig zugehört habe. Und ... na ja ...“
Oma stockt mitten im Satz. Dann holt sie tief Luft und sagt ganz schnell: „Es tut mir sehr leid, dass ich die Eidechse in deine Tasche gesetzt habe. Sie sollte dir Kraft geben. Ich war mir so sicher, dass es klappt!“ Oma lässt den Kopf hängen. So zerknirscht hat Hanna sie noch nie erlebt.

„Meine große starke Hanna“, sagt Oma da auf einmal und nimmt Hanna in den Arm. „Du bist geflogen und hast gekämpft wie ein Adler!“

„Mmh“, sagt Hanna, weil sie nicht weiß, was sie sonst sagen soll. In ihr aber blubbert es. Keine Sekunde länger kann sie jetzt noch still stehen, ohne zu platzen. Und weil das so ist, schnappt sie sich Charly und Oma. Zu dritt tanzen sie einen wilden Siegestanz.

Dieses Buch wurde von Kindern für Kinder getestet.

MIX
Papier aus verantwortungsvollen Quellen
FSC® C089473

Dieses Buch ist erhältlich als:
ISBN 978-3-407-74996-3 Print

in der Verlagsgruppe Beltz · Weinheim Basel
Werderstraße 10, 69469 Weinheim

Einbandgestaltung und Illustration: Laura Rosendorfer
Lektorat: Carolin Eichenlaub
Neue Rechtschreibung
Herstellung und Satz: Jasmin Kerstner
Druck und Bindung: Beltz Grafische Betriebe, Bad Langensalza
Printed in Germany
1 2 3 4 5 24 23 22 21 20

Dieses Buch wude auf 100% Recyclingmaterial gedruckt.

Weitere Informationen zu unseren Autor_innen und Titeln
finden Sie unter: www.beltz.de